MW01622908

Nog meer lezen over het vrolijke beertje Bobbi?

Ga dan snel naar bobbi.nl voor de complete boekenlijst,
leuke kleurplaten, filmpjes, spelletjes en nog veel meer!

Nur 271/IPP021903
Bisac JUV057000 / JUV025000

Vormgeving omslag en binnenwerk: Monica Maas/Design Team Kluitman

bobbi.nl
kluitman.nl

op de boerderij

Monica Maas

kluitman

Bobbi mag vandaag gaan helpen,
op een echte boerderij.
Kijk, daar rijdt hij op zijn tractor.
'Net als de boer!' lacht Bobbi blij.

Eerst gaat Bobbi naar de stal toe.
Wat staat daar een grote koe!
'Oei, wat stinkt het hier,' zegt Bobbi.
En de koe loeit heel hard: Boe!

Bobbi geeft de kippen graantjes.

'Hé, zeg haan, ga aan de kant.

Ik strooi het voer wel in het bakje.

Maar niet pikken in mijn hand!'

Bobbi helpt de eitjes rapen,
met een mandje aan zijn arm.
Eén kip fladdert van haar nest af.
Bobbi lacht: 'Ze zijn nog warm.'

In een hok ligt moeder varken.
Ollie zwaait: 'Dag allemaal!'
Bobbi telt wel zeven kleintjes.
Knorreknor, wat een kabaal.

Bobbi schrikt. Er glipt een kleintje
uit het hok, waar is het nou?
O, daar rent die kleine dikzak.
'Hé!' roept Bobbi. 'Kom eens gauw!'

Daar is de boer, hij grijpt het varken.

Bobbi zucht: 'Gelukkig maar.'

Dan zegt de boer: 'We gaan naar binnen,

want het eten staat al klaar.'

Bobbi eet vier boterhammen.
De boerin lacht: 'Kijk eens aan.
Van het werken krijg je honger.
Straks kun je weer verder gaan.'

De boerin vraagt: 'Ga je mee nu,

naar de dieren in de wei?'

Bobbi roept: 'Hoi lieve schapen.

Jullie krijgen voer van mij!'

Pas op Bobbi, voor de keutels...

Oeps, daar valt hij in het gras.

'Dat geeft niets hoor, Bob,' zegt papa.

'Je overall kan in de was.'

Waar is Bobbi toch gebleven?
In het hooi! 'Hier ben ik, hoor!'
Bobbi lacht: 'Het prikt en kriebelt,
in mijn nek en in mijn oor.'

Papa zegt: 'We gaan naar huis toe.'
'Het was top,' zegt Bobbi stoer.
'Mag ik nog eens komen helpen?
Later word ik zelf ook boer!'

ALLE BOBBI-BOEKEN OP EEN RIJ

Voorleesboeken

Bobbi doet boodschappen
Bobbi is jarig
Bobbi is zijn knuffel kwijt
Bobbi naar de speelzaal
Bobbi op vakantie
Bobbi op de kinderboerderij
Bobbi naar het bos
Bobbi is ziek
Bobbi op het potje
Bobbi gaat logeren
Bobbi wordt grote broer
Bobbi naar de dierentuin
Bobbi in de tuin
Bobbi gaat verhuizen
Bobbi gaat voetballen
Bobbi in de lente
Bobbi in de zomer
Bobbi in de herfst
Bobbi in de winter
Bobbi abc
Bobbi en de baby
Bobbi gaat naar school
Bobbi leert zwemmen
Bobbi. De allerliefste mama
Bobbi. De allerliefste papa
Bobbi. De allerliefste oma
Bobbi. De allerliefste opa
Bobbi op de boerderij
Welterusten, lieve Bobbi
Bobbi viert Sint-Maarten
Bobbi viert sinterklaas
Bobbi viert kerst
Bobbi naar de tandarts

Bobbi groot formaat

Bobbi viert feest

Speciale uitgaven

Bobbi 12 uitdeelboekjes
Bobbi. De leukste kleurplaten
Bobbi omkeerboek zomer
Bobbi. Lente, zomer, herfst en winter
Bobbi geeft een feestje

Bobbi-knuffel